IMPRIMERIE DE GUSTAVE GRATIOT,
11, rue de la Monnaie.

PETIT PAMPHLET

SUR LE PROJET

DE CONSTITUTION

PAR

TIMON

Suivi du texte exact et corrigé du Projet de Constitution.

Août 1848

PARIS

PAGNERRE, ÉDITEUR

RUE DE SEINE, 14 BIS

1848

TIMON

A TOUS CEUX QUI L'ONT NOMMÉ,

Salut et Fraternité.

———◆———

MESSIEURS,

Je viens peut-être un peu tard pour vous remercier de m'avoir nommé le même jour, par quatre fois, député à l'Assemblée constituante.

Par quatre fois! dans quatre départements! Passez-moi ce petit mouvement d'orgueil en faveur de votre mérite et de la circonstance.

Pardon, mes chers commettants, si je prends un peu d'avance sur le débat de la Constitution, ne fût-ce que pour causer sans bruit avec vous et pour voir, par pure curiosité, ce qui en restera de ce que j'y ai mis.

J'y ai d'abord mis la formule : *En présence de Dieu et au nom du peuple français.*

Dieu et le peuple français! je ne connais pas de plus grands noms dans le ciel et sur la terre.

Naturellement, la *Déclaration des Droits de l'homme* venait à la suite de cette invocation.

Mais dans les bureaux de l'Assemblée, mais dans la Commission de constitution, nous avons tant de fois versé et bouleversé le *Préambule*, que finalement on pourrait le supprimer.

La Constitution est déjà trop réglementaire, trop longue d'un bon tiers, de moitié peut-être, et telle qu'elle est, j'ai frayeur, on n'est pas maître de soi, que la main des docteurs et des ergoteurs ne nous la prolonge indéfiniment.

Il faut que la Constitution se présente dans l'appareil d'une concision brève et majestueuse.

Entrons donc vivement en matière, et disons : En présence de Dieu, et au nom de la nation française, l'Assemblée nationale proclame :

ARTICLE 1er.

La souveraineté réside dans le peuple.

Que veut lo peuple? Uno République.

ARTICLE 2.

La France est une République démocratique, une et indivisible.

Quel sera son dogme?

ARTICLE 3.

La République française a pour dogme: Liberté, Egalité, Fraternité.

Quels sont les *Droits de l'homme et du citoyen* que la Constitution garantira?

ARTICLE 4.

La Constitution garantit à tous les citoyens :

La protection de la personne, de la famille et du domicile ;

La gratuité de l'instruction ;

La jouissance, la disposition et l'inviolabilité de toutes les sortes de propriétés ;

Le droit au travail pour les valides sans ouvrage, le droit à l'assistance pour les invalides sans ressources ;

Le droit de réunion, d'association et de pétition ;

La liberté des cultes sous la tutelle égale de la oi, la liberté de l'enseignement sous la surveilance de l'Etat, et la liberté de la presse sous la éserve des droits d'autrui et de la sécurité pulique.

N'admirez-vous pas, mes chers commettants, comme tout cela va de soi, posément, clairement, et comme ces quatre articles là se déduisent 'un de l'autre et s'enchaînent !

Après quoi, nous passerions, sans coup férir, au chapitre des *Pouvoirs publics,* savoir : le législatif, l'exécutif et le *judiciaire* (1).

Certes, notre Constitution ainsi dégagée de son appareil préambulaire, marcherait d'un pas plus rapide et plus solennel.

Plusieurs m'en ont voulu d'avoir risqué que la France était une République *démocratique.* A quoi bon *démocratique,* et qu'est-ce que cela

(1) Voir le Projet de Constitution à la fin.

veut dire? Cela veut dire, Messieurs, que le peuple ne relève que de lui-même et n'est sujet que de la loi. La démocratie n'est pas une fraction du peuple, mais tout le peuple, le peuple entier, le peuple universel. Je maintiens donc le mot comme la chose.

Ce qui était beaucoup plus risqué, je l'avoue, c'est le fameux paragraphe du *droit au travail*, si gros de tribulations et qui m'a valu tant de ripostes :

Le droit au travail est celui qu'a tout homme de vivre en travaillant.

Puisqu'on l'avait mis dans l'avant – Projet, pourquoi l'en avoir ôté? et puisqu'on l'en a ôté, pourquoi ne pas l'y remettre?

En vérité, l'État s'y prêtant de son côté et les particuliers de l'autre, la question du travail n'est pas plus insoluble en fait qu'en droit. Mais il est évident qu'il faut que chacun s'y prête.

Ramenons la thèse à son vrai point. Le droit

au travail a son origine et sa légitimité dans les clauses fondamentales et implicites du pacte social, et son justificatif dans l'obligation naturelle de travailler.

Le droit au travail implique le droit de propriété dans la personne de l'ouvrier qui veut y parvenir, comme et par les mêmes moyens que nous y sommes parvenus ; car, sans notre travail personnel ou sans celui de nos pères, comment y serions-nous parvenus ? Le droit au travail implique le droit de propriété dans la personne du citoyen qui emploie l'ouvrier pour la fructification et le bien de sa chose. Le droit au travail honore le labeur par le devoir, et le bénéfice par l'obligation. De même, le droit à l'assistance, est ennobli par la fraternité dans la personne de celui qui donne et de celui qui reçoit. De même encore, le droit à l'instruction est le droit au pain de l'âme, comme le droit au travail est le droit au pain du corps.

Revenons à ceci : tous les citoyens dans une république sont égaux, tous les citoyens sont libres, tous les citoyens sont frères. Tous ont une âme, un esprit et un corps. Chrétiens, hommes libres, mes amis, mes égaux, mes frères, laisserez-vous cette âme sans morale, cet esprit sans culture, ce corps sans subsistance ? Les laisserez-vous tous trois mourir dans la personne d'un égal, d'un homme libre, d'un frère ? Voyons, les laisserez-vous mourir ? répondez !

On ne m'a pas répondu, assez du moins, j'entends, pour me convaincre et l'on a rayé ma formule :

Le droit au travail est celui qu'a tout homme de vivre en travaillant.

Ce qui me rend un peu d'espoir, Messieurs, pour le rétablissement de ma version et de son commentaire, c'est qu'il y a dix-huit années, on avait aussi rayé de mon vocabulaire politique mon autre formule, aujourd'hui toute triomphante, et que voici :

Le suffrage sera direct et universel.

La première fois que je proposai le *direct* et l'*universel*, on se prit d'un rire fou et l'on me fit ouïr sur tous les modes de la lyre ministérielle, que j'étais un homme absurde, ne comprenant pas la monarchie que je ne comprenais que trop, et n'en voulant guère, ce qui était bien possible. J'aurais eu grand tort de mourir, qu'en dites-vous, mes chers commettants, il y a dix-huit années, avant la mise en train de mon expérience et le peuple qui l'a faite, n'est donc pas si sot qu'on le disait, ni moi non plus !

A la vérité, l'on m'a objecté que dans les élections, le *direct* imposé par le comité meneur de chaque département aux .électeurs menés, s'était trouvé par le fait tant soit peu *indirect;* que l'*universel* n'existait pas pour les estropiés, les vieux et les très pauvres de la commune, empêchés par caducité, infirmité ou misère, d'aller au chef-lieu du canton et enfin que les *scrutins de liste* étaient de grosses menteries. Tout vu, et si j'étais moins pressé, je défendrais les scrutins de liste dans l'intérêt des minorités, et sur le surplus, c'est à vous, Messieurs, chez qui expérience vaut mieux que science, à voir si les scrutins de liste de chaque citoyen, ne pourraient pas être écrits dans chaque commune où tous les électeurs voteraient, recensés dans chaque canton où tous les votes seraient portés, et dépouillés dans chaque département où tous les présidents des colléges électoraux se rendraient.

Mais, sans préjuger ici cette controverse de votation, ce qui nous importait le plus à tous, c'était de faire passer, comme j'y suis parvenu, de ma théorie dans la pratique, le principe du *suffrage universel et direct*, de l'écrire dans le Décret électoral du 5 mars 1848, et de l'incruster carrément dans la Constitution, pour y demeurer ferme et stable à jamais, s'il y a quelque chose qui soit ferme et stable à jamais, ici-bas et parmi nous, si ce n'est la perpétuelle inconsistance de nos gouvernements, de nos avocats et de nos principes.

En attendant et pour peu que cela vous soit agréable, j'aurai l'honneur de vous démontrer, Messieurs et chers commettants, que nous pourrions nous flatter d'avoir avec ce seul article, une très belle et très bonne Constitution, puisque le suffrage direct et universel contient à lui seul la révolution du passé et l'organisation de l'avenir.

Il est vrai que si notre charte s'en était tenue là : *le suffrage sera direct et universel,* l'Assemblée constituante n'eût siégé qu'un jour.

Il s'agissait, d'ailleurs, de savoir si elle existerait *une* ou *double.*

Me voilà tout naturellement amené, Messieurs, à vous dire là-dessus mon sentiment et la question en vaut bien la peine.

Je pourrais prétendre que la bataille est gagnée, puisque quatorze bureaux sur quinze, nous ont promis la victoire. Mais qui est-ce qui est jamais sûr de rien?

Tant que l'Assemblée nationale n'aura pas dit sacramentalement avec moi : *le peuple français délègue le pouvoir législatif à une assemblée unique*, il faudra guerroyer avec les souteneurs de deux Chambres.

Deux ! ils ont épuisé pour démontrer ce deux-là, l'histoire, la dogmatique, l'esthétique et le pathétique. Ils ont passé les mers, remué les paperasses d'Albion et désarticulé les Amériques. Je confesse le plus humblement du monde que je n'ai pas assez d'esprit pour entrer dans les quintessences de nos politiques raffinés. Que voulez-vous, ce n'est pas ma faute, l'esprit me manque.

Après tout, lorsqu'il s'agit de décréter une Constitution populaire, je n'ai que faire des docteurs. Je me mets tout simplement aux écoutes du peuple.

Or, que veut le peuple? le peuple veut de l'unité. L'unité, qu'est-ce, si ce n'est une seule Chambre ? Le peuple veut-il autre chose ? conçoit-il, peut-il concevoir autre chose ? Deux Chambres dans une République, dans une République démocratique ! Deux Chambres dans notre France une et indivisible ! Deux Chambres avec la leçon du passé ! Deux Chambres sans roi constitutionnel ! Deux Chambres sous la pression du souffle populaire ! Y songez-vous ?

Avons-nous deux nations, pour avoir deux grands conseils de la nation ? Avons-nous deux sortes de représentés, pour avoir deux sortes de représentations? Ne sortons-nous pas tous des flancs du même suffrage, du suffrage universel ?

Une seconde Chambre est aristocratique, ou elle n'est rien. Avez-vous une aristocratie? Une seconde Chambre a des intérêts similaires à défendre ou des intérêts différents. Si des intérêts similaires, à quoi bon se servir de *deux*, lorsqu'un suffit ? Si des intérêts différents, à quoi bon des intérêts différents ?

J'ai les oreilles rebattues de pondération, d'antagonismes, d'équilibres et d'équilibristes. J'ai assez vu de constitutions danser sur la corde, le pied en l'air. Dites-moi donc, Messieurs de la dualité, si vous marchiez à terre tout simplement, dans vos souliers, une jambe après l'autre, comme marche tout le monde !

Si, d'ailleurs, tout le monde nommait la première Chambre, et vous le voulez, et que tout le monde nommât la seconde Chambre, et vous le voulez encore, alors pourquoi appeler deux fois tout ce monde-là qui veut en finir en une seule fois ? et si la première Chambre veut d'une loi et que la seconde Chambre n'en veuille pas, et que la première Chambre veuille encore une fois cette loi dont la seconde Chambre persistera à ne pas vouloir, vous n'aurez donc pas de loi, à moins que la première et la seconde ne se réunissent pour vouloir ou ne pas vouloir ensemble de loi ? Elles se réuniront cette fois-là, dites-vous ! Mais ce ne sera plus qu'une seule Chambre. Alors pourquoi donc se séparer pour se réunir ? S'il faut, en définitif, que nous arrivions à une seule Chambre, autant y arriver tout de suite !

Ce n'est pas avec des arguments ferrés, avec des sillogismes pointus par chaque bout, qu'on doit attaquer le système des deux Chambres. C'est avec l'instinct des masses, cet instinct puissant de la grandeur et de l'unité de la France. Cela ne se définit pas, cela se sent, cela se respire.

Je ne dis pas que la Constitution doive être discutée sans emploi d'arguments, d'expériences, de comparaisons, de logique, à la folle et à l'imprévu ; mais je dis qu'il y faut mettre un peu de sentiment, un peu d'âme, l'âme du peuple !

Vous parlez de poids et de contre-poids, mais quel est le roi constitutionnel ayant ses deux pieds sur ses deux Chambres, qui ne soit tombé par terre, entre deux, lorsque le sol a tremblé sous elles et sous lui ?

Dites-moi aussi comme c'eût été commode au 23 juin, d'envoyer un grave messager d'État, un messager en perruque, demander à un Sénat qui eût siégé au Luxembourg, s'il était de saison que la Mobile dépistât les insurgés embusqués à l'Estrapade, et puis le même messager toujours en perruque, serait revenu du palais du Luxembourg au palais Bourbon, pour dire à la première que la seconde était assez d'avis qu'on ne se laissât pas pendre et dépendre, sans se défendre. Que serions-nous devenus dans ces allées et retours parfaitement parlementaires ? J'aime autant chercher à ne pas le savoir.

S'il y a aujourd'hui une question perdue dans le droit et dans le fait, dans le dedans de l'Assemblée et dans le dehors, dans les plus grands et dans les plus petits hommes, c'est la question de deux Chambres, et en vérité, tout porté que je ne suis que trop à penser beaucoup de bien de moi, je ne me crois pas un esprit d'une fière trempe, pour avoir proposé de dire et pour avoir obtenu qu'on dise :

Le peuple français délègue le pouvoir législatif à une Assemblée unique.

Je suis plus flatté d'avoir ajouté que la Chambre serait *permanente*. Je crois bien que personne n'y eût songé sans moi, et c'eût été dommage. Car la permanence de l'Assemblée exclut sa dissolution; la permanence est le veilleur de nuit qui crie à chaque heure des ténèbres et de l'orage: Citoyens, garde à vous ! La permanence, c'est la Nation et son gouvernement, qui se tiennent par la main dans la stature de la vigilance et de la force. La permanence, c'est l'action sans cesse réparatrice des fausses mesures et des mauvaises lois; la permanence, c'est le sauvegardien de la République; je ne suis pas fâché d'avoir trouvé ou retrouvé la permanence, on peut rencontrer plus mal que cela.

Il est assez difficile pour les plus difficiles d'avoir plus de deux Chambres, ou pour les moins difficiles d'en avoir moins qu'une.

Mais il est possible d'avoir trois ou quatre chefs de gouvernement et même cinq, si cela vous fait plaisir, ou même de s'en passer tout à fait, ce qui ne serait guère du goût des ambitieux et ce qui jusqu'ici ne s'est point encore vu; mais tout peut se voir comme tout peut se faire. Il n'y a que le moyen de s'y prendre !

Mettra-t-on le gouvernement dans la Chambre, pêle mêle avec les tribunaux, l'administration, la nautique et le conseil d'État ? ou bien, serait-on assez peu sûr de son fait pour appréhender, en agissant ainsi, de brouiller trop aigrement les choses et de substituer l'irresponsabilité à la responsabilité, l'impuissance à l'action, l'ignorance à la science, la confusion à l'ordre et l'iniquité à la justice ? Assurément, j'ai trop de respect pour ne pas croire, pour ne pas affirmer, pour ne pas jurer et déjurer que tous mes confrères en Parlement, je m'excepte, sont propres à tout comprendre et à tout prendre. Pourquoi donc ne pourraient-ils tous à la fois, sans la moindre présomption, juger tout ce qui se présente, puisqu'ils peuvent bien tous à la fois parler sur tout ce qui se présente ? tous parler, tous agir, tous juger, tous gouverner et tous légiférer, avec chacun son projet de loi en poche, son préfet dans l'autre gousset, son sous-préfet suivant par derrière, et ses municipaux dans le lointain de la perspective, ce serait là le beau idéal de la représentation absolue. Mais nous ne sommes pas assez vertueux pour que les dieux nous accordent tant de bonheur.

Nous nous passerons probablement d'être en Parlement, tous pour chacun, chacun pour tous, législateurs, préfets, juges, caporaux et sacristains. C'est fâcheux. Le principe de la représentation absolue l'exigeait, mais cette Assemblée-ci n'a pas de logique !

J'ai bien peur aussi que la proposition de cinq Directeurs n'ait pas une meilleure fortune. On se trouve un peu trop près des cinq commissaires de l'Exécutive.

Le Gouvernement provisoire des onze aurait

été assez du goût des... onze. Pourquoi, une fois qu'on y a la main, n'en pas mettre tout de suite treize? non, je n'aime pas ce nombre de treize. Ça porte malheur!

Trois, par exemple, trois Consuls! un, deux... je vous arrête. Trois, ce n'est souvent qu'un. Un, c'est bien Empereur!

Alors, puisque vous ne voulez ni de neuf cents Rois, ni de quinze Comités, ni de cinq Directeurs, ni de onze Provisoires, ni de trois Consuls, ayez un Président de la République.

— Que ne le disiez-vous plutôt? mais qui le nommera?

— Ce sera la Chambre.

— Oh non!

— Vos raisons?

— Les voici.

L'Assemblée nationale n'est pas la nation, pas plus que le mandataire n'est le mandant. L'unité n'est que dans la souveraineté et la souveraineté n'est que dans le peuple universel. Or le peuple universel et souverain n'a délégué à ses mandataires que les pouvoirs de faire une Constitution. C'est par nécessité que l'Assemblée actuelle, au lieu de se borner à rédiger la Constitution, porte des lois ordinaires; mais ce serait abusivement qu'elle élirait le chef ou les chefs du pouvoir exécutif, dans son sein ou hors de son sein. La nation s'est, sur ce point-là, réservé son omnipotence. La nation ne souffrirait pas, et elle aurait parfaitement raison, qu'avec une ligne d'écriture chambrière, on lui interdise de nommer Jacques parce qu'il déplaît à Pierre, ou Simon parce qu'il est trop grand, ou Nicolas parce qu'il est trop court. La nation, convoquée dans ses comices généraux, nommera pour son chef un grand, un petit, un jeune, un vieux, un beau, un laid, un gros, un court, Pierre, Jacques, Nicolas, Simon, qui lui plaira, qui elle voudra, et personne n'aura rien à y voir, ni rien à y dire.

Ne vous vantez pas que si la majorité s'avisait d'avoir une autre volonté que vous, vous la canonneriez à grand renfort de boulets, car les boulets ne sont pas des arguments, et lorsqu'on a la prétention d'enseigner à son pays la loi de la majorité, il faut commencer par s'y soumettre. Croyez-vous donc que le peuple soit hors de mesure de choisir pour Président un homme plus ou moins illustre, lorsqu'il a bien pu découvrir un député plus ou moins obscur sous la cloche de son clocher?

Il faut que les hommes à petites ruses et à petits compartiments le sachent! Ou le peuple universel est notre maître à tous, ou il n'est qu'un misérable esclave bon tout au plus à tourner la broche, et à ramasser dans ses torchons les épluchures de nos cuisines.

Faites vos lois, constituantes ou autres, tant bien que mal, et laissez le peuple élire à lui tout seul le chef du Gouvernement, sans vous en mêler avant ni après. Si ce n'était pas le peuple qui nommât le Président, que dire du peuple si ce n'est qu'il commettrait un acte de lâcheté, et si c'était l'Assemblée qui le nommât, que dire d'elle si ce n'est qu'elle commettrait un acte d'usurpation ?

L'intervention de l'Assemblée, de près ou de loin, dans la nomination du Président, serait une suprême insolence.

Car elle impliquerait que le peuple est un sot, et il a plus d'esprit que ses mandataires. Il sait mieux qu'eux ce qu'il veut, ce qu'il entend et ce qu'il fait. Il a renversé une monarchie, apparemment que c'était pour avoir une république! Il a renversé un roi, apparemment que c'était pour n'avoir plus de roi! Or, qu'est-ce qu'un roi? C'est un homme qui transmet sa couronne à ses enfants. Eh bien, le peuple ne veut plus ni d'homme-roi, ni d'enfants-rois. Il ne veut déléguer le pouvoir exécutif que pour un temps, pour trois ans par exemple, après quoi, sorti de la foule des citoyens, vous rentrerez, chargé de bénédictions ou de remords, dans la foule des citoyens. Mais si l'Assemblée s'arrogeait, par usurpation, le droit de nommer le chef du pouvoir exécutif, ne voyez-vous pas que les gens de Henri, de Napoléon, de Joinville et de cent autres prétendants, ne manqueraient pas de dire : Ah ! si le peuple avait nommé, c'est le nôtre qu'il aurait pris ! nous en appelons de la portion au tout, de la Chambre au peuple ! Doucement, messieurs les prétendants écussonnés de rouge, de blanc et de tricolore, le peuple nommera, et lorsqu'il aura fait son choix parmi les meilleurs citoyens, comme vous êtes tous aussi, je n'en doute pas, d'excellents citoyens, vous voudrez bien vous y soumettre. C'est pour cela que j'ai proposé de dire :

Le peuple français délègue le pouvoir exécutif à un citoyen, qui reçoit le titre de président de la république.

Il sera élu au scrutin secret, par la voie du suffrage direct et universel.

J'ai chance vraiment pour que cet article passe.

Je vous prie en terminant et vous supplie, mes amis, de ne pas m'adresser la question que je vais vous faire : Croyez-vous que sous la République, et sans plus de force que la Constitution ne lui en a donnée, le Gouvernement dégarni, démuni, désemparé, démantelé, puisse lutter contre une Chambre éveillée dès l'aube, remuante des pieds, de l'œil et de la main, et sans cesse en cherche, en quête de prendre à défaut le pouvoir ? Est-ce avec le conseil d'État, corps grave et lent de marche, que vous attrapperez à la volée, les lestes fantaisies de l'initiative parlementaire ? Avec un pouvoir haletant, soutiendrez-vous l'énergie et la vitalité de la centralisation ? Tout dans le projet de Constitution, tout dans l'Assemblée, tout dans nos mœurs et nos humeurs, tout est prémédité, tout est organisé contre le pouvoir, rien pour sa défense.

Il existe aujourd'hui particulièrement quatre agents destructeurs qui tiennent le gouvernement comme enfermé dans un bataillon carré, et qui font feu sur lui des quatre coins. Si le gouvernement en réchappe, je le déclare, ce ne sera point par habileté, mais par miracle, par un vrai miracle. Or, les gouvernements qui, par le temps qui court, comptent sur des miracles, risquent fort de n'être pas sauvés.

L'esprit de la vraie monarchie est que le pouvoir vienne d'un seul, se perpétue et se transmette. L'esprit de la vraie république est que le pouvoir vienne de tous, ne se perpétue point, et ne se transmette point.

Les pouvoirs républicains ne doivent pas être un bénéfice mais une charge; pourtant faut-il encore que cette charge puisse être remplie dans l'intérêt non pas des chargés mais des déchargés.

Au lieu d'être un pouvoir réel, propre et raisonnablement indépendant, veut-on que le Président nommé par l'Assemblée, ne soit que le laquais de l'Assemblée ? Il stationnera habituellement à sa porte par la bise et par le dégel, il fera ses petites courses et il remettra ses cartes de visite aux départements et aux communes. On pourra lui donner une livrée, une médaille de commissionnaire et tout sera dit.

N'allez pas jeter sous ma rencontre, les mots énormes d'indivisibilité et d'unité de pouvoir; ce n'est pas le pouvoir qui est indivisible, c'est la souveraineté; ce n'est pas le pouvoir qui est un, c'est le peuple. L'unité et l'indivisibilité du pouvoir ne se concevraient que si le peuple français tout entier légiférait, gouvernait, administrait et jugeait lui-même. Le pouvoir ne serait pas et ne pourrait pas même être un, si la Chambre seule gouvernait, car l'unité abstraite ne se délègue pas, ne se partage pas, ne se représente pas. La souveraineté du peuple est essentiellement une, le pouvoir est essentiellement multiple, divisible et subdivisible. S'il est héréditaire, c'est une royauté; s'il est à temps, c'est une république. Arrière l'Amérique ! Arrière l'Angleterre ! Ah, ce serait différent, j'en conviens, si c'était l'Amérique ou si c'était l'Angleterre qui nous priât de lui faire sa Constitution, mais je ne le croyais pas.

En France, pour Dieu, ne voyez donc jamais que la France ! En France, pays par excellence de centralisation, en France où chaque citoyen ressent en soi le besoin d'être gouverné, tout pouvoir exécutif trop faible serait sans action, et tout pouvoir sans action serait méprisé.

La France préfèrerait la dictature à l'anarchie.]

Tout le monde en France aime l'ordre et la liberté, mais c'est surtout le peuple aux mains noires qui aime l'ordre, et c'est surtout le peuple aux mains blanches qui aime la liberté. Mains noires et mains blanches, mettez-vous l'une dans l'autre, et votre union fera votre force !

Mais je m'aperçois que je dévie, je suis même tout à fait en dehors de la question, et je m'y ramène.

J'arrive donc, ne voulant ici toucher que des points sommaires, à la dernière de mes propositions capitales.

J'ai proposé d'écrire et j'ai obtenu qu'on écrivît dans le projet de constitution :

« *Tout Français doit en personne le service militaire et celui de la garde nationale;*
« *Le remplacement est interdit.* »

La majorité des bureaux a rejeté ma proposition, mais ce n'est pas une raison pour que je l'abandonne; tout au contraire, j'y persiste de plus fort et voici pourquoi.

Le remplacement est fatal à l'armée, il l'isole, il l'aristocratise, il la démoralise, il la dénationalise, il l'énerve, il la gangrène. Il est contraire à l'égalité des citoyens, à la sûreté défensive du pays, aux principes de la révolution de février. Il établit la plus dure des inégalités entre l'enfant du pauvre et l'enfant du riche. Il dit à l'un pars, et à l'autre reste ! Reste à l'oisif, pars au travail-

leur ! Pars à celui qui soutient son vieux père, à
celui qui s'arrache, en pleurant, à un amour par-
tagé, à celui qui a reçu du Ciel le feu du génie,
à celui qui quitte le pécule qu'il amasse, l'art
qu'il cultive, le champ qu'il féconde, le bois, la
rivière, la prairie, la montagne dont il ne pourra
plus, absent, que rêver le souvenir. N'est-il pas
équitable, humain, moral, fraternel, que tous les
enfants de la patrie soient réunis pour la défense
de la patrie, riches et pauvres, sous le même
drapeau, qu'ils apprennent à s'aimer, à s'estimer,
à s'entre-secourir, que leur courage soit pareil et
que la gloire ne soit qu'au plus digne ? Si le service militaire n'est pas une lourde charge, pourquoi donc les jeunes soldats riches s'en affran-
chissent-ils au prix de leurs écus, et pourquoi les
jeunes soldats pauvres ne partent-ils de leur village, que le cœur gros et les yeux noyés de larmes ?

J'ai entendu faire contre l'*interdiction*, des
objections savantes, techniques, spirituelles;
mais de concluantes, point. C'est toujours le

vieux monde qui résiste, lorsque le monde nouveau nous emporte. Ne sommes-nous donc faits que pour la conquête, et les guerres d'invasion seront-elles éternelles ? Si vous voulez, comme les légions de César et de Sylla, comme les vieilles bandes espagnoles, comme la garde impériale de Napoléon, avoir une nation dans la nation ; si vous méditez de vaincre l'étranger, chez l'étranger, de prolonger votre empire et de garder vos conquêtes, donnez à nos Français l'esprit du soldat au lieu de l'esprit du citoyen, dressez vos tentes militaires et faites-leur dans vos camps une autre patrie. Qu'ils n'obéissent qu'à des généraux, qu'ils vieillissent dans la caserne et qu'ils meurent aux Invalides. Mais si vous voulez respecter l'indépendance des autres nations et ne préserver que la vôtre, si vous voulez abréger la durée du service, si vous voulez opposer à l'invasion de l'ennemi une armée nombreuse, brave, exercée, renaissante, invincible, appelez tous les Français sous les armes.

Égalité des citoyens, moralité de l'armée, abré-
viation du service, enrôlements volontaires,
primes des exemptés, extension des exceptions
motivées, appel de la réserve nationale, tout se
coordonne et se justifie dans notre système. Il
se peut qu'il soit renversé par l'Assemblée, mais
il restera debout dans le pays.

J'espère, ne m'ôtez pas cet espoir, que le
temps n'est pas éloigné où le pouvoir central,
suprême et seul armé, d'une confédération euro-
péenne, mettra fin à ces guerres absurdes dont
les pauvres peuples supportent aujourd'hui pres-
que seuls les douleurs et le fardeau.

Restait une dernière question à résoudre. La
Constitution une fois faite, l'Assemblée doit-elle
se séparer ?

Un mot sur cette question, je vous prie :

Notre Constitution ne se pouvait concevoir que
de deux manières : où il fallait mettre dans la
Constitution elle-même les lois organiques, ou il
ne fallait décréter qu'une Constitution de principes

qui devait se compléter par les lois organiques. C'est ce dernier mode que j'ai tout d'abord proposé à la Commission, et qui a été suivi.

Il n'est pas plus possible à une Assemblée *constituante*, sans manquer à son mandat et à la logique, de laisser faire ultérieurement à une Assemblée *législative*, les lois organiques de la Constitution, que de lui laisser faire la Constitution elle-même.

Aussi ai-je demandé qu'il fût décidé *que l'Assemblée nationale ne se séparât pas, sans avoir fait les lois organiques qui doivent compléter la Constitution.*

A cette tâche, huit ou dix commissions simultanées et trois mois suffiraient.

Je reprends, Messieurs et chers commettants, les articles principaux que j'ai proposés, et lorsque nous voterons la Constitution, nous suivrons ensemble curieusement, n'est-ce point, ce qu'on gardera de ce que j'ai mis dans le Projet.

Or, j'y ai mis en toutes lettres, que l'Assemblée nationale proclamait solennellement notre Charte populaire en présence de Dieu et au nom du peuple français; que la souveraineté résidait dans le peuple; que la France était une République démocratique, une et indivisible; que la République avait pour dogme: Liberté, Égalité, Fraternité; que tous les pouvoirs publics, quels qu'ils fussent, émanaient du peuple, et ne pouvaient être délégués héréditairement; que la séparation des pouvoirs était la première condition d'un gouvernement libre; que le peuple français déléguait le pouvoir législatif à une Assemblée unique et permanente; que l'élection avait pour base la population; que le suffrage était direct et universel; que le scrutin était secret; que les électeurs seraient âgés de 21 ans et les éligibles de 25 ans; que l'Assemblée nationale serait élue pour trois ans et se renouvellerait intégralement; que le peuple français déléguait le pouvoir exécutif à un citoyen qui recevait le titre de Président de la République; que le Président serait nommé au scrutin secret par la voie du suffrage direct et universel; qu'il disposerait de la force armée, sans jamais pouvoir la commander en personne; qu'il ne pourrait céder aucune portion du territoire, ni dissoudre le Corps législatif, ni suspendre, en aucune manière, l'empire de la Constitution et des lois; qu'il présiderait aux solennités nationales, promulguerait les lois, recevrait les ambassadeurs; qu'il nommerait et révoquerait les ministres; qu'il pourrait faire grâce, mais non amnistier; que le nombre des ministres et leurs attributions seraient fixés par le Corps législatif; que le Président de la République, les ministres et leurs agents seraient responsables, chacun en ce qui le concernerait, de tous les actes du gouvernement et de l'administration; que les ministres auraient entrée dans le sein de l'Assemblée nationale; que la division du territoire en départements, arrondissements, cantons et communes serait conservée; que les membres du Conseil d'État et de la Cour de cassation seraient nommés par l'Assemblée nationale; que la Constitution garantirait l'égalité des citoyens, l'inviolabilité des propriétés, la sûreté des personnes, le droit au travail, à l'assistance, et à l'instruction, la liberté de l'association, des cultes, de l'enseignement et de la presse; que l'esclavage, la confiscation, et la peine de mort seraient abolis, la censure supprimée, le jury maintenu; que tout Français devait en personne le service militaire et celui de la garde nationale, et que le remplacement était interdit; et enfin que l'Assemblée nationale procéderait à la rédaction des lois organiques qui doivent compléter la Constitution. »

Si l'ensemble de ces dispositions capitales est adopté *définitivement* par l'Assemblée nationale, comme il l'a déjà été par mes illustres et savants collègues, la France pourra se vanter de posséder une Constitution plus libérale qu'on n'en vit jamais dans le monde entier.

Sans doute, on pourrait se contenter à moins,

puisqu'on aurait mieux que ce qu'ont les autres peuples; mais nous, vieux scribe du radicalisme, soit par habitude, soit plutôt par principes, je vous prie de la croire, nous voudrions encore davantage.

— Comment, me dira-t-on, vous ne pensez donc pas que notre Constitution soit assez républicaine ?

— C'est selon.

— Comment, selon?

— Oui, selon que l'élément populaire ou que l'élément moyen prévaudra.

— Expliquez-vous.

— Je m'explique, et je dis que ce n'est ni l'aristocratie des races, ni la politesse élégante des salons, ni la profondeur de la métaphysique, ni les splendeurs de la banque, ni le territoire prolongé, ni la mer couverte de vaisseaux qui font la grandeur et la félicité des républiques.

— Ni la science peut-être ?

— Non, ni la science.

— Ni la littérature ?

— Non, ni la littérature.

— Ni les beaux arts non plus ?

— Non, ni les beaux arts non plus.

— Ni l'éloquence de la chaire, du barreau et de la tribune ?

— Non, ni l'éloquence de la chaire, du barreau et de la tribune.

— Ni même les théâtres, les romans et les tambours ?

— Non, pas même les théâtres, les romans et les tambours.

— Qu'est-ce alors ?

— C'est la vertu.

— Et vous pensez que, chez nous, le bas de la société, comme on dit, a généralement plus de vertu que le haut et le mitoyen ?

— Oui, et telle a toujours été mon opinion.

— D'où vous concluez que le bas est plus fait pour la République que le mitoyen ?

— Évidemment, puisqu'il a plus de vertu.

— Qu'appelez-vous donc avoir de la vertu ?

— J'appelle avoir de la vertu, avoir des croyances.

— Et vous dites que la majorité des gouvernés français a encore des croyances ?

— Oui, heureusement !

— Et que la mitoyenneté officielle et lettrée du pays n'en a guère ?

— Hélas, non !

— Et que, sans croyances ?...

— Il n'y a pas de dévouement.

— Et que sans dévouement ?...

— Il n'y a pas de République, de vraie République.

— Sans doute.

— Et qu'ainsi, la Constitution que nous allons donner à la France, pourrait bien être un peu trop forte pour la débilité de son tempérament ?

— Cela se pourrait.

— Alors, n'êtes-vous pas inconséquent non-seulement de vouloir nous octroyer une Constilution aussi libérale, mais de la souhaiter plus libérale encore?

— C'est vrai, et je conviens que des mœurs sans croyances, des théories sans pratique, des lois de papier et une fraternité de murailles, ne servent de rien et ne mènent pas à bonne chose; mais comme on ne fait pas de nouvelles Constitutions tous les jours, je crois qu'une fois qu'on y est, il y faut mettre ce qu'on imagine de mieux.

D'ailleurs, j'ai confiance dans le bon sens de la nation et dans l'avenir.

Et puis, tout le monde sait, et nous autres Français plus que personne, qu'on reste toujours dans l'exécution très en deçà de ce qu'on a promis et juré, sauf à jurer de nouveau, maintenant qu'on ne jure plus!

L'Assemblée nationale fera des amendements populaires, qui vont s'échapper de mes précédents, de mes principes et des circonstances, ce qu'il lui plaira, puisqu'elle est la souveraine maîtresse et que je ne suis qu'un simple écrivain , mais les voici tels que je les aurais voulus :

I

J'aurais voulu que le Président de la République fût élu, pour *trois ans* seulement. Né avec l'Assemblée, issu de la même origine, pourquoi ne mourrait-il pas avec elle? La triennalité des pouvoirs est un terme, ni trop long pour un ambitieux, ni trop court pour un patriote.

II

J'aurais voulu que les députés ne fussent pas indéfiniment *rééligibles*. Le renouvellement des pouvoirs est de l'essence des démocraties. Elles se plaisent à la rotation périodique et intelligente des fonctions. Pourquoi la Chambre, pouvoir législatif, se perpétuerait-elle, lorsque le Président, pouvoir exécutif, ne se perpétue pas ?

III

J'aurais voulu que le juge de paix et le maire fussent *élus par le suffrage du peuple*. Vous me direz que c'est bien radical, et moi je trouve que c'est bien raisonnable, et si le peuple en disait son avis, vous verriez qu'il dirait comme moi.

Un juge de paix est un conciliateur plus qu'un juge. Il est l'homme du peuple plus que l'homme du pouvoir. Que le peuple le nomme !

Quant au maire, sera-t-il nommé par le conseil municipal, par le gouvernement ou par le peuple ? C'est à choisir. La nomination du maire par le con-seil municipal est un mode bâtard qui gêne l'action du pouvoir et qui limite la volonté du peuple.

Pourquoi le Président de la République peut-il être élu par la nation, et pourquoi le maire ne pourrait-il être élu par son village ? Tous deux ne sont que des agents de la République, si ce n'est que l'un est placé à ses pieds, et l'autre à sa tête. Mais, de même que le Président est respon-sable, de même le maire pourrait être suspendu, révoqué et puni pour avoir résisté à l'ordre de ses supérieurs, ou pour avoir violé la loi qu'il doit faire exécuter. Qu'exigez-vous de plus ?

IV

J'aurais voulu qu'on eût posé nettement ce principe :

Le cumul est interdit.

Le génie républicain veut que les fonctions soient divisées; sans quoi, tous les Français ne seraient pas, dans le fait, admissibles à tous les emplois. Le progrès des arts, des sciences et des lettres dépend, plus qu'on ne le pense, de la variété des enseignements. De deux fonctions remplies par la même personne, il y en a toujours une de mal remplie. J'ai l'espoir qu'un jour le citoyen le plus éminent passera, sans que sa personnalité en soit diminuée, de la plus haute magistrature à la plus humble fonction. Les fonctions et les magistratures ne seront plus que ce qu'elles doivent être, des charges et non des bénéfices, et l'estime publique s'attachera, sans distinction de genre et de hiérarchie, à tous les services.

V

J'aurais voulu que l'article des incompatibilités parlementaires tranchât la question dans un
sens absolu et à peu près en ces termes :

*Le mandat de représentant du peuple est in-
compatible avec toute autre fonction publique.*

J'ai soutenu ce principe le premier, en France,
et en l'année de grâce 1828, et vous ne me blâ-
merez pas, mes chers commettants, d'avoir mis
d'accord ma conduite actuelle et mes anciens
principes, en donnant, quoique avec un grand
regret, je l'avoue, ma démission de président du
conseil d'État. La loi du 18 juin dernier m'au-
torisait, je le sais, à garder ma place, mais il
n'y a pas de place qui tienne contre un devoir
qui naît d'un principe.

VI

J'aurais voulu qu'on écrivît dans la Constitution :

La peine de mort est abolie.

L'abolition de la peine de mort en matière politique seulement, n'est le plus souvent qu'une sauvegarde que se décerne, dans une société avantageusement policée, la prévoyante et lâche ambition de quelques chefs qui méditent de renverser les institutions de la patrie. C'est une invention, qu'on me passe le mot, purement aristocratique.

Mais l'abolition de la peine de mort pour les crimes ordinaires, intéresse surtout le peuple et voilà pourquoi je la demande. Elle intéresse aussi la société tout entière, je le sais ; mais si vous me dites : Pour qu'il n'y eût plus de peine de mort, il faudrait qu'il n'y eût plus de crime, je répondrai que, pour qu'il n'y ait plus de crime il faut que ceux qui le commettent plus ordinairement, aient de quoi vivre, de quoi se moraliser, et de quoi s'instruire : et comme on leur doit ces trois choses au sein d'une société républicaine, il s'ensuit que l'abolition de la peine de mort doit être dans la Constitution, le corollaire nécessaire du droit au travail, à la moralisation et à l'instruction.

Vous allez voir que la peine de mort va être abolie à Francfort et à Berlin, et, selon leur louable coutume, nos gens d'esprit n'en continueront pas moins à appeler les Allemands des barbares. Gens d'esprit, je vous avertis, si vous n'y prenez pas garde, que ces barbares vous donneront encore bien d'autres leçons de civilisation. Mais nous avons tant de peine à sortir des ornières du passé !

VII

J'aurais voulu que la Constitution eût aussi cet article :

La présente Constitution sera soumise par oui et par non, dans chaque commune, à l'acceptation du peuple.

Dans tous les temps, dans celui-ci surtout, les

pouvoirs républicains ne sauraient trop, pour se bien tremper, remonter à leur source. Les électeurs déléguent, l'Assemblée décrète, le peuple acclame.

C'est manquer à la souveraineté du peuple, que de dire : Le peuple n'a pas besoin de m'approuver. — Qu'en savez-vous ? — Niez-vous son droit ?—Non.—Alors laissez-le l'exercer.—Avez-vous son mandat absolu ? — Oui. — Montrez-le. — Pourquoi vous priver de la double force de la procuration et de la ratification ? Mais je ne sache pas de pays où l'on parle plus du peuple et où l'on cherche plus à s'en passer. Pour moi, je n'aime pas que l'on se moque ainsi des gens, et je tiens pour maxime que tout ce que le peuple peut faire, il le doit faire.

VIII

J'aurais voulu dans le même ordre d'idées qu'il fût dit que :

Toute déclaration de guerre et tout traité de

paix sera porté dans les huit jours, et sauf toutes mesures conservatoires, à la ratification du pays.

La nation française ne veut ni de guerre injuste ni de paix honteuse.

Pourquoi l'artisan, pourquoi le laboureur ne dirait-il pas, après s'être recueilli dans sa pensée : Non, cette guerre est injuste, ne faites point la guerre! Pourquoi ne dirait-il pas : Oui, cette paix serait honteuse; ne faites point la paix !

Mettez-vous donc bien dans la tête, législateurs de mon pays, que les populations des campagnes et des villes ont un sentiment plus vif et plus vrai de l'honneur, de la sûreté, de la grandeur du pays, que toutes les assemblées possibles, que tous les ministres possibles, que toutes les presses possibles.

Lorsque, sans consulter le peuple, vous prétendez à vous seuls décider de la paix ou de la guerre, je dis que vous attentez à la souveraineté du peuple.

L'étranger peut se moquer de votre ministère et de votre Chambre, mais de la nation !...

Jetez votre lettre d'appel à la poste de vos dix millions de citoyens, et en huit jours vous aurez réponse.

Ici, le partage des attributions est facile : le gouvernement consulte et pourvoit, la Chambre délibère, le peuple ratifie.

IX

J'aurais voulu, et c'est par là que je termine, j'aurais voulu, je voudrais qu'il y eût, meurtres, vols et pillage exceptés, une amnistie générale, ou pour mieux dire, une abolition du passé.

Le Gouvernement ne peut que faire grâce. L'Assemblée seule peut accorder des amnisties. Mais je n'aimerais pas qu'elle fut donnée par l'un de ces Décrets sur proposition individuelle, que l'on porte et que l'on rapporte. Je voudrais que, par acclamation, la Constitution, l'acte le plus éclatant et le plus solennel d'un peuple régénéré, déclarât sous l'invocation de la France et de Dieu, qu'elle « commande à tous les citoyens l'oubli du passé et abolit tous les jugements, instructions et procédures, en matière politique. » Que n'ai-je le don de l'éloquence pour porter à la tribune cette bonne parole? je ne puis que la laisser tomber de ma plume; qu'un orateur la ramasse et la fasse triompher! En présence de l'étranger, en présence de nous-mêmes, quand cesserons-nous d'être des gens de parti, pour n'être que des Français? Assez de sang n'a-t-il pas coulé? assez de traverses et d'obstacles n'embarrassent-ils point les pas de notre jeune République? Eh, mon Dieu, nous n'avons pas trop de tous nos cœurs pour nous aimer et de toutes nos mains pour fermer toutes nos plaies!

TIMON.

Nous croyons devoir donner le texte exact et corrigé du projet de Constitution qui n'a pas été rendu correctement dans tous les journaux, et qu'il est nécessaire d'avoir sous les yeux pour suivre et noter, article par article, la plus importante de toutes les discussions.

Nos lecteurs verront mieux ainsi ce qui subsistera, après le vote définitif, du travail de la Commission et du nôtre.

PROJET DE CONSTITUTION.

En présence de Dieu, et au nom du peuple français, l'Assemblée nationale proclame et décrète ce qui suit :

I. La France s'est constituée en République. En adoptant cette forme définitive de gouvernement, elle s'est proposé pour but de conserver dans le monde l'initiative du progrès et de la civilisation, d'assurer une répartition de plus en plus équitable des charges et des avantages de la société entre les citoyens, et de les faire parvenir tous, sans nouvelle commotion, par l'action successive et constante des institutions et des lois, à un degré toujours plus élevé de moralité, de lumières et de bien-être.

II. La République française est démocratique, une et indivisible.

III. Elle reconnaît des droits et des devoirs antérieurs et supérieurs aux lois positives et indépendants de ces lois.

IV. Elle a pour dogme la Liberté, l'Egalité et la Fraternité.

V. Elle respecte les nationalités étrangères, comme elle entend faire respecter la sienne, n'entreprend aucune guerre dans des vues de conquête et n'emploie jamais ses forces contre la liberté d'aucun peuple.

VI. La République impose aux citoyens et contracte envers eux des devoirs réciproques.

VII. Les citoyens doivent aimer la patrie, servir la République, la défendre même au prix de leur vie, participer aux charges de l'Etat en raison de leur fortune ; ils doivent s'assurer, par le travail, des moyens d'existence, et, par la prévoyance, des ressources pour l'avenir ; ils doivent concourir au bien-être commun en s'entr'aidant fraternellement les uns les autres, et à l'ordre général en observant les lois morales et les lois écrites qui régissent la société, la famille et l'individu.

VIII. La République doit protéger le citoyen dans sa personne, sa famille, sa religion, sa propriété, son travail, et mettre à la portée de chacun l'instruction indispensable à tous les hommes ; elle doit l'assistance aux citoyens nécessiteux, soit en leur procurant du travail dans les limites de ses ressources, soit en donnant, à défaut de la famille, les moyens d'exister à ceux qui sont hors d'état de travailler.

En vue de l'accomplissement de tous ces devoirs, et pour la garantie de tous ces droits, l'Assemblée nationale, fidèle aux traditions des grandes assemblées qui ont inauguré la Révolution française, décrète, ainsi qu'il suit, la Constitution de la République.

CONSTITUTION.

—

CHAPITRE PREMIER.

De la Souveraineté.

Art. 1. La souveraineté réside dans l'universalité des citoyens français.

Elle est inaliénable et imprescriptible.

Aucun individu, aucune fraction du peuple ne peut s'en attribuer l'exercice.

CHAPITRE II.

Droits des citoyens garantis par la Constitution.

Art. 2. Nul ne peut être arrêté ou détenu que suivant les prescriptions de la loi.

Art. 3. La demeure de chaque citoyen est inviolable; il n'est permis d'y pénétrer que selon les formes et dans les cas prévus par la loi.

Art. 4. Nul ne sera distrait de ses juges naturels; il ne pourra être créé de commissions et de tribunaux extraordinaires, à quelque titre et sous quelque dénomination que ce soit.

Art. 5. La peine de mort est abolie en matière politique.

Art. 6. L'esclavage ne peut exister sur aucune terre française.

Art. 7. Chacun professe librement sa religion et reçoit de l'Etat, pour l'exercice de son culte, une égale protection.

Les ministres des cultes reconnus par la loi ont seuls droit à recevoir un traitement de l'Etat.

Art. 8. Les citoyens ont le droit de s'associer, de s'assembler paisiblement et sans armes, de pétitionner, de manifester leurs pensées par la voie de la presse ou autrement.

L'exercice de ces droits n'a pour limites que les droits ou la liberté d'autrui, et la sécurité publique.

La presse ne peut, dans aucun cas, être soumise à la censure.

Art. 9. La liberté d'enseignement s'exerce sous la garantie des lois et la surveillance de l'Etat.

Cette surveillance s'étend à tous les établissements d'éducation et d'enseignement, sans aucune exception.

Art. 10. Les citoyens sont admissibles à tous les emplois publics, sans autres motifs de préférence que le mérite ou les droits acquis suivant la loi.

La Constitution ne reconnaît ni titre, ni distinction de naissance, classe ou caste.

Art. 11. Toutes les propriétés sont inviolables. Néanmoins l'Etat peut exiger le sacrifice d'une propriété pour cause d'utilité publique légalement constatée, et moyennant une juste et préalable indemnité.

Art. 12. La confiscation des biens ne pourra jamais être rétablie.

Art 13. La Constitution garantit aux citoyens la liberté du travail et de l'industrie.

La société favorise et encourage le développement du travail par l'enseignement primaire gratuit, l'éducation professionnelle, l'égalité de rapports entre le patron et l'ouvrier, les institutions de prévoyance et de crédit, les associations volontaires et l'établissement, par l'Etat, les départements et les communes, de travaux publics propres à employer les bras inoccupés; elle fournit l'assistance aux enfants abandonnés et aux infirmes ou aux vieillards sans ressources, et que leurs familles ne peuvent secourir.

Art. 14. La dette publique est garantie.

Art. 15. Tout impôt est établi pour l'utilité commune.

Chaque citoyen y contribue en raison de ses facultés et de sa fortune.

Art. 16. Aucun impôt ne peut être perçu qu'en vertu de la loi.

Art. 17. L'impôt direct n'est consenti que pour un an.

Les impositions indirectes peuvent être consenties pour plusieurs années.

CHAPITRE III.

Des Pouvoirs publics.

Art. 18. Tous les pouvoirs publics, quels qu'ils soient, émanent du peuple.

Ils ne peuvent être délégués héréditairement.

Art. 19. La séparation des pouvoirs est la première condition d'un gouvernement libre.

CHAPITRE IV.

Du Pouvoir législatif.

Art. 20. Le peuple français délègue le pouvoir législatif à une Assemblée unique.

Art. 21. Le nombre total des Représentants du peuple sera de sept cent cinquante, y compris les Représentants de l'Algérie et des colonies françaises.

Art. 22. Ce nombre s'élèvera à neuf cents pour les assemblées qui seront appelées à réviser la Constitution.

Art. 23. L'élection a pour base la population.

Art. 24. Le suffrage est direct et universel. Le scrutin est secret.

Art. 25. Sont électeurs tous les Français âgés de vingt et un ans, et jouissant de leurs droits civils et politiques.

Art. 26. Sont éligibles, sans condition de cens ni de domicile, tous les Français âgés de 25 ans, et jouissant de leurs droits civils et politiques.

Art. 27. La loi électorale déterminera les incapacités et incompatibilités résultant de l'exercice des fonctions publiques.

Art. 28. L'élection des Représentants se fera par

département, au chef-lieu de canton et au scrutin de liste.

Art. 29. L'Assemblée nationale est élue pour trois ans, et se renouvelle intégralement.

Art. 30. Elle est permanente.

Néanmoins, elle peut s'ajourner à un terme qu'elle fixe.

Pendant la durée de la prorogation, une Commission, composée des membres du bureau et de vingt-cinq Représentants nommés par l'Assemblée, au scrutin secret et à la majorité absolue, a le droit de la convoquer en cas d'urgence.

Le Président de la République a aussi le droit de convoquer l'Assemblée.

Art. 31. Les Représentants sont toujours rééligibles.

Art. 32. Les membres de l'Assemblée nationale sont les Représentants, non du département qui les nomme, mais de la France entière.

Art. 33. Ils ne peuvent recevoir de mandat impératif.

Art. 34. Les Représentants du peuple sont inviolables.

Ils ne pourront être recherchés, accusés ni jugés, en aucun temps, pour les opinions qu'ils auront émises dans le sein de l'Assemblée nationale.

Art. 35. Ils ne peuvent être arrêtés en matière criminelle, sauf le cas de flagrant délit, ni poursuivis qu'après que l'Assemblée a permis la poursuite.

Art. 36. Chaque Représentant du peuple reçoit une indemnité à laquelle il ne peut renoncer.

Art. 37. Les séances de l'Assemblée sont publiques.

Néanmoins, l'Assemblée peut se former en Comité secret, sur la demande du nombre de Représentants fixé par le Règlement.

Art. 38. La présence de la moitié plus un des membres de l'Assemblée est nécessaire pour la validité du vote des lois.

Art. 39. Aucun projet de loi, sauf les cas d'urgence, ne sera voté définitivement qu'après trois délibérations, à des intervalles qui ne peuvent être moindre de dix jours.

Art. 40. Toute proposition ayant pour objet de déclarer l'urgence est précédée d'un exposé des motifs.

Si l'Assemblée est d'avis de donner suite à la proposition d'urgence, elle en ordonne le renvoi dans les bureaux et fixe le moment de la discussion.

Une Commission, nommée dans les bureaux, fait un rapport sur l'urgence seulement.

Si l'Assemblée reconnaît l'urgence, elle le déclare et fixe le moment de la discussion.

Si elle décide qu'il n'y a pas urgence, le projet suit le cours des propositions ordinaires.

CHAPITRE V.

Du Pouvoir exécutif.

Art. 41. Le peuple français délègue le pouvoir exécutif à un citoyen qui reçoit le titre de Président de la République.

Art. 42. Le Président doit être né Français, âgé de trente ans au moins, et n'avoir jamais perdu la qualité de Français.

Art. 43. Le Président est nommé par le suffrage direct et universel, au scrutin secret et à la majorité absolue des votants.

Art. 44. Les procès-verbaux des opérations électorales sont transmis immédiatement à l'Assemblée nationale, qui statue sans délai sur la validité de l'élection et proclame le Président de la République.

Si aucun candidat n'a obtenu plus de la moitié des suffrages exprimés, ou si les conditions exigées par l'article 42 ne sont pas remplies, l'Assemblée nationale élit le Président de la République à la majorité absolue et au scrutin secret, parmi les cinq candidats éligibles qui ont obtenu le plus de voix.

Art. 45. Le Président de la République est élu pour quatre ans, et n'est rééligible qu'après un intervalle de quatre années.

Art. 46. Il surveille et assure l'exécution des lois.

Art. 47. Il dispose de la force armée, sans pouvoir jamais la commander en personne.

Art. 48. Il ne peut céder aucune portion du territoire, ni dissoudre le Corps législatif, ni suspendre, en aucune manière, l'empire de la Constitution et des lois.

Art. 49. Il présente, chaque année, par un message, à l'Assemblée nationale, l'exposé de l'état général des affaires de la République.

Art. 50. Il négocie et ratifie les traités.

Aucun traité n'est définitif qu'après avoir été approuvé par l'Assemblée nationale.

Art. 51. Il veille à la défense de l'Etat, mais il ne peut entreprendre aucune guerre sans le consentement de l'Assemblée nationale.

Art. 52. Il a le droit de faire grâce ; mais il ne peut exercer ce droit qu'après avoir pris l'avis du conseil d'Etat.

Les amnisties ne peuvent être accordées que par une loi.

Le Président de la République et les Ministres condamnés ne peuvent être grâciés que par l'Assemblée nationale.

Art. 53. Le Président de la République promulgue les lois au nom du peuple français.

Art. 54. Les lois d'urgence sont promulguées dans le délai de trois jours, et les autres lois dans le délai d'un mois, à partir de la transmission qui en est faite par le Président de l'Assemblée nationale au Président de la République.

Art. 55. Dans le délai fixé pour la promulgation, le Président de la République peut, par un message motivé, demander une nouvelle délibération.

L'Assemblée délibère; sa résolution devient définitive; elle est transmise au Président de la République.

En ce cas, la promulgation a lieu dans le délai fixé pour les lois d'urgence.

Art. 56. A défaut de promulgation par le Président de la République, dans les délais déterminés par les articles précédents, il y serait pourvu par le Président de l'Assemblée nationale.

Art. 57. Les envoyés et les ambassadeurs des puissances étrangères sont accrédités auprès du Président de la République.

Art. 58. Il préside aux solennités nationales.

Art. 59. Il est logé aux frais de la République, et reçoit un traitement de six cent mille francs par an.

Art 60. Il réside au lieu où siége l'Assemblée nationale, et ne peut sortir du territoire de la République, sans y être autorisé par une loi.

Art. 61. Le Président de la République nomme et révoque les Ministres.

Il nomme et révoque, en Conseil des Ministres, les agents diplomatiques, les commandants militaires des armées de terre et de mer, les préfets, le commandant supérieur des gardes nationales de la Seine, les gouverneurs de l'Algérie et des Colonies, le gouverneur de la Banque de France, les procureurs généraux et autres fonctionnaires d'un ordre supérieur.

Il nomme et révoque, sur la proposition du Ministre compétent, dans les conditions réglementaires déterminées par la loi, les agents secondaires du Gouvernement.

Art. 62. Il a le droit de suspendre, pour un terme qui ne pourra excéder trois mois, les agents du pouvoir exécutif élus par les citoyens.

Il ne peut les révoquer que de l'avis du Conseil d'Etat.

La loi détermine les cas où les agents révoqués peuvent être déclarés inéligibles aux mêmes fonctions.

Cette déclaration d'inéligibilité ne pourra être prononcée que par un jugement.

Art. 63. Le nombre des Ministres et leurs attributions sont fixés par le pouvoir législatif.

Art. 64. Les actes du Président de la République, autres que ceux par lesquels il nomme et révoque les Ministres, n'ont d'effet que s'ils sont contre-signés par un Ministre.

Art. 65. Le Président de la République, les Ministres, les agents et dépositaires de l'autorité publique, sont responsables, chacun en ce qui le concerne, de tous les actes du Gouvernement et de l'administration.

Une loi déterminera les cas de responsabilité, les garanties des fonctionnaires et le mode de poursuite.

Art. 66. Les Ministres ont entrée dans le sein de

l'Assemblée nationale ; ils sont entendus toutes les fois qu'ils le demandent, et peuvent se faire assister par des commissaires nommés par un décret du Président de la République.

Art. 67. Il y a un Vice-Président de la République nommé par l'Assemblée nationale, sur la présentation faite par le Président, dans le mois qui suit son élection.

En cas d'empêchement du Président, le Vice-Président le remplace.

Si la Présidence devient vacante par décès, démission du Président, ou autrement, il est procédé, dans le mois, à l'élection d'un Président.

Le nouveau Président est élu pour quatre ans.

CHAPITRE VI.

Du Conseil d'Etat.

Art. 68. Il y aura un Conseil d'Etat composé de quarante conseillers d'Etat au moins.

Le Vice-Président de la République est de droit Président du Conseil d'Etat.

Art. 69. Les membres de ce Conseil sont nommés pour six ans par l'Assemblée nationale. Ils sont renouvelés par moitié dans les deux premiers mois de chaque législature, au scrutin secret et à la majorité absolue.

Ils sont indéfiniment rééligibles.

Art. 70. Ceux des membres du Conseil d'Etat qui

auront été pris dans le sein de l'Assemblée nationale, seront immédiatement remplacés comme Représentants du peuple.

Art. 71. Les membres du Conseil d'Etat ne peuvent être révoqués que par l'Assemblée et sur la proposition du Président de la République.

Art. 72. Le Conseil d'Etat est consulté sur les projets de lois du Gouvernement qui, d'après la loi, devront être soumis à son examen préalable, et sur les projets d'initiative parlementaire que l'Assemblée lui aura renvoyés.

Il prépare les règlements d'administration publique ; il fait seul ceux de ces règlements à l'égard desquels l'Assemblée nationale lui a donné une délégation spéciale.

Il exerce, à l'égard des administrations publiques, tous les pouvoirs de contrôle et de surveillance qui lui sont déférés par la loi.

Des lois particulières régleront ses autres attributions.

CHAPITRE VII.

De l'Administration intérieure.

Art. 73. La division du territoire en départements, arrondissements, cantons et communes est maintenue. Les circonscriptions ne pourront être changées que par la loi.

Art. 74. Il y a 1° dans chaque département une

administration composée d'un préfet, d'un conseil général, d'un conseil de préfecture remplissant les fonctions de tribunal administratif.

2° Dans chaque arrondissement, un sous-préfet;

3° Dans chaque canton, un conseil cantonnal;

4° Dans chaque commune, une administration composée d'un maire, d'adjoints et d'un conseil municipal.

Art. 75. Une loi déterminera la composition et les attributions des conseils généraux, des conseils cantonnaux, des conseils municipaux, et le mode de nomination des maires et des adjoints.

Art. 76. Les conseils généraux et les conseils municipaux sont élus par le suffrage direct de tous les citoyens domiciliés dans le département ou dans la commune. Chaque canton élit un membre du conseil général.

Une loi spéciale réglera le mode d'élection dans la ville de Paris et dans les villes de plus de vingt mille âmes.

Art. 77. Les conseils généraux, les conseils cantonnaux et les conseils municipaux peuvent être dissous par le Président de la République, de l'avis du Conseil d'Etat. La loi fixera le délai dans lequel il sera procédé à la réélection.

CHAPITRE VIII.

Du Pouvoir judiciaire.

Art. 78. La justice est rendue gratuitement au nom du peuple français.

Les débats sont publics, à moins que la publicité ne soit dangereuse pour l'ordre ou les mœurs ; et, dans ce cas, le tribunal le déclare par un jugement.

Art. 79. Le jury continuera d'être appliqué en matière criminelle.

Art. 80. La connaissance de tous les délits politiques et de tous les délits commis par la voie de la presse ou de tout autre moyen de publication, appartient exclusivement au jury.

Art. 81. Le jury statue seul sur les dommages-intérêts réclamés pour faits ou délits de presse.

Art. 82. Les juges de paix et leurs suppléants, les juges de première instance et d'appel sont nommés par le Président de la République, d'après un ordre de candidature qui sera réglé par la loi d'organisation judiciaire.

Art. 83. Les juges du tribunal de cassation sont nommés par l'Assemblée nationale, au scrutin secret et à la majorité absolue des suffrages.

Art. 84. Les magistrats du ministère public sont nommés par le Président de la République.

Art. 85. Les juges de première instance, d'appel et de cassation, sont nommés à vie.

Ils ne peuvent être révoqués, suspendus ou mis à la retraite que par un jugement, pour les causes et dans les formes déterminées par les lois.

Art. 86. Les conseils militaires de terre et de mer, les tribunaux de commerce, les prud'hommes et autres tribunaux spéciaux, conservent leur organisation et leurs attributions actuelles, jusqu'à ce qu'il y ait été dérogé par une loi.

Art. 87. Dans chaque département, un tribunal administratif sera chargé de statuer sur le contentieux de l'administration.

Les membres de ce tribunal seront nommés par le Président de la République, sur une liste de candidature présentée par le conseil général du département.

Art. 88. Il y a pour toute la France un tribunal administratif supérieur, qui prononcera sur tout le contentieux de l'administration, et dont la composition, les attributions et les formes seront réglées par la loi.

Les membres du tribunal administratif supérieur sont nommés par le Président de la République, sur une liste de présentation dressée par le Conseil d'Etat.

Art. 89. Les membres des tribunaux administratifs de département et ceux du tribunal administratif supérieur, ne pourront être révoqués que par le Président de la République, sur l'avis du Conseil d'Etat.

Art. 90. Les membres de la Cour des comptes se

ront nommés d'après le même mode que les membres du tribunal administratif. Ils sont nommés à vie.

Art. 91. Les conflits d'attribution entre l'autorité administrative et l'autorité judiciaire, seront réglés par un tribunal spécial de juges du tribunal de cassation et de conseillers d'Etat, désignés tous les trois ans en nombre égal par leurs corps respectifs.

Ce tribunal sera présidé par le ministre de la justice.

Art. 92. Les recours pour incompétence et excès de pouvoirs contre les arrêts du tribunal administratif supérieur et contre les arrêts de la Cour des comptes, seront portés devant la juridiction des conflits.

Art. 93. Une haute Cour de justice juge sans appel, ni recours en cassation, les accusations portées par l'Assemblée nationale, soit contre ses propres membres, soit contre le Président de la République ou les Ministres.

Elle juge également toutes personnes prévenues de crimes, attentats ou complots contre la sûreté intérieure ou extérieure de l'Etat.

Elle ne peut être saisie qu'en vertu d'un décret de l'Assemblée nationale, qui désigne la ville où la Cour tiendra ses séances.

Art. 94. La haute Cour est composée de juges et de jurés.

Les juges, au nombre de cinq, et deux juges suppléants, sont nommés au scrutin secret, à la majorité absolue, par le tribunal de cassation et dans son sein. Ils choisissent leur président.

Les magistrats remplissant les fonctions du ministère public sont désignés par le Président de la République, et, en cas d'accusation du Président ou des Ministres, par l'Assemblée nationale.

Les jurés, au nombre de trente-six, et quatre jurés suppléants, sont pris parmi les membres des conseils généraux des départements.

Art. 95. Lorsqu'un décret de l'Assemblée nationale a ordonné la formation de la haute Cour de justice, le président du tribunal d'appel, et, à défaut du tribunal d'appel, le président du tribunal de première instance du département, tire au sort, en audience publique, le nom d'un membre du Conseil général.

Art. 96. Au jour indiqué pour le jugement, s'il y a moins de soixante jurés présents, ce nombre sera complété par des jurés supplémentaires tirés au sort par le président de la haute Cour, parmi les membres du conseil général du département où siégera la Cour.

Art. 97. Les jurés qui n'auront pas produit d'excuse valable seront condamnés à une amende de mille à dix mille francs, et à la privation des droits politiques pendant cinq ans au plus.

Art. 98. L'accusé et le ministère public exercent le droit de récusation, comme en matière ordinaire.

Art. 99. La déclaration du jury, portant que l'accusé

est coupable, ne peut être rendue qu'à la majorité des deux tiers des voix.

Art. 100. Dans tous les cas de responsabilité des Ministres, l'Assemblée nationale peut, selon les circonstances, renvoyer le Ministre inculpé, soit devant la haute Cour de justice, soit devant les tribunaux ordinaires, pour les réparations civiles, soit devant le Conseil d'Etat.

Art. 101. Le Conseil d'Etat ne peut prononcer que la peine de l'interdiction des fonctions publiques pour un temps qui n'excède pas cinq années.

Art. 102. Tout arrêt du Conseil d'Etat portant cette peine doit être rendu aux deux tiers au moins des suffrages.

Art. 103. Les débats ont lieu en séance publique.

Art. 104. L'Assemblée nationale et le Président de la République peuvent, dans tous les cas, déférer l'examen des actes de tout fonctionnaire autre que le Président de la République, au Conseil d'Etat, dont le rapport est rendu public.

Art. 105. Le Président de la République n'est justiciable que de la haute Cour de justice, sur l'accusation portée par l'Assemblée nationale, pour crimes et délits prévus par la loi.

CHAPITRE IX.

De la Force publique.

Art. 106. La force publique est instituée pour défendre l'Etat contre les ennemis du dehors, et pour assurer au-dedans le maintien de l'ordre et l'exécution des lois.

Elle se compose de la garde nationale et de l'armée de terre et de mer.

Art. 107. Tout Français, sauf les exceptions fixées par la loi, doit en personne le service militaire et celui de la garde nationale.

Le remplacement est interdit.

Art. 108. Des lois particulières règleront l'organisation de la garde nationale sédentaire et mobile, ainsi que le mode de recrutement dans les armées de terre et de mer, la durée du service, la discipline, la forme des jugements et la nature des peines.

Art. 109. La force publique est essentiellement obéissante.

Nul corps armé ne peut délibérer.

Art. 110. La force publique, employée pour maintenir l'ordre à l'intérieur, n'agit que sur la réquisition des autorités constituées, suivant les règles déterminées par le pouvoir législatif.

Art. 111. Une loi déterminera les cas dans lesquels l'état de siége pourra être déclaré, et règlera les formes et les conséquences de cette mesure.

Art. 112. Aucune troupe étrangère ne peut être introduite sur le territoire français, sans le consentement préalable de l'Assemblée nationale.

CHAPITRE X.

Dispositions particulières.

Art. 113. La Légion-d'Honneur est maintenue; ses statuts seront révisés et mis en harmonie avec la Constitution.

Art. 114. Le territoire de l'Algérie et des colonies est déclaré territoire français et sera régi par des lois particulières.

CHAPITRE XI.

De la révision de la Constitution.

Art. 115. Lorsque, dans la dernière année d'une législature, l'Assemblée nationale aura émis le vœu que la Constitution soit modifiée en tout ou en partie, il sera procédé à cette révision de la manière suivante :

Le vœu exprimé par l'Assemblée ne sera converti en résolution définitive qu'après trois délibérations successives, prises chacune à un mois d'intervalle et aux trois quarts des suffrages exprimés.

L'Assemblée de révision ne sera nommée que pour trois mois.

Elle ne devra s'occuper que de la révision pour laquelle elle aura été convoquée.

Néanmoins, elle pourra, en cas d'urgence, pourvoir aux nécessités législatives.

CHAPITRE XII.

Dispositions transitoires.

Art. 116. Les dispositions des codes, lois et règlements existants, qui ne sont pas contraires à la présente Constitution, restent en vigueur jusqu'à ce qu'il y soit légalement dérogé.

Art. 117. Toutes les autorités constituées par les lois actuelles, demeurent en exercice jusqu'à la publication des lois organiques qui les concernent.

Art. 118. La loi d'organisation judiciaire déterminera le mode spécial de nomination pour la première composition des nouveaux tribunaux.

Art. 119. Immédiatement après le vote de la Constitution, il sera procédé, par la nation, à la nomination du Président de la République, et, par l'Assemblée nationale constituante, à la rédaction des lois organiques qui doivent compléter la Constitution.

Art. 120. Les dispositions des articles 30, 38, 39 et 40 de la présente Constitution ne commenceront à être applicables qu'après l'installation du Président de la République.

Imprimerie de Gustave GRATIOT, 11, rue de la Monnaie.

Sommaire des matières contenues dans la 15ᵉ édition.

AVERTISSEMENT. — DIVISION DE LA MATIÈRE.

PREMIÈRE PARTIE.

PRÉCEPTES.

Livre Iᵉʳ. — De l'éloquence de la Tribune.

Livre II. — Des autres genres d'Éloquence.

déllbérative. — Cʜᴀᴘ. VII. Des quatre genres d'Eloquence comparés : de l'Éloquence académique ; de l'Éloquence parlementaire ; de l'Éloquence des clubs ; de l'Éloquence en plein alr. — Cʜᴀᴘ. VIII. De l'Éloquence officielle. — Cʜᴀᴘ. IX. De l'Eloquence militaire.

DEUXIÈME PARTIE.

PORTRAITS.

Constituante : Mirabeau.
Convention : Danton.
Empire : Napoléon Bonaparte.
Restauration : Manuel, de Serre, de Villèle, général Foy, de Martignac, B. Constant, Royer Collard.
Révolution de 1830 : Garnier-Pagès, Casimir Périer, duc de Fitz James, Sauzet, général Lafayette, Mauguin, Laffitte, Odilon Barrot, Arago, Jaubert, Dupin, Berryer, de Lamartine, Thiers, Guizot. — O'Cᴏɴɴᴇʟʟ.

ENTRETIENS DE VILLAGE

PAR M. CORMENIN.

Ouvrage couronné par l'Académie française.

8ᵉ édition, revue et augmentée,

Illustrée de 40 jolis sujets, dessinés par M. Dᴀᴜʙɪɢɴʏ et gravés par Mlles LᴀɪsɴÉ.

1 ᴠᴏʟᴜᴍᴇ ɪɴ-18, ɢʀᴀɴᴅ ᴊÉsᴜs ᴠÉʟɪɴ.

Impression de luxe (1847). — Prix : 5 fr.